人が いじわるをする 理由はなに？

ドゥニ・カンブシュネ **文**
ギヨーム・デジェ **絵**
伏見　操 **訳**

岩崎書店

もくじ

Chouette penser ! : DE BONNES RAISONS D'ÊTRE MÉCHANT?

text by Denis Kambouchner
illustrated by Guillaume Dégé
Originally published in France under the title
Chouette penser ! : DE BONNES RAISONS D'ÊTRE MÉCHANT?
by Gallimard Jeunesse

Japanese translation rights arranged with Gallimard Jeunesse, Paris
through Motovun Co., Ltd., Tokyo
Japanese edition published
by IWASAKI Publishing Co., Ltd., Tokyo

Printed in Japan

人が
いじわるをする
理由はなに？

哲学

1 お説教は役立たず？

きみはきっと、お説教されるのがすきではないだろう。その気持ちはよくわかるし、まちがっていない。

いたずらや悪いことをしたとき、きみはたいていい自分でそれがわかっている。ところが大人や親はしばしば、「だめじゃない、なんでそんなことしたの？　あとでどうなるか、考えなかったの？」などと、こごとを言う。きみはたしかによくないことをしたと思いつつも、くどくどしかられるのはまっぴらだと思う。

それにはふたつの理由がある。ひとつ目は、いくらガミガミしかられても、そこから学ぶことはほとんどないから。だって自分がよくないことをしたと、きみはとっくに知っているのだ。

ふたつ目は、お説教をしている相手が、まるで自分は悪いことなどぜったいにしないとでも言うように、上に立って話してくるから。そんなはずはないのに。

悪いことをするのはもちろんよくないけれど、悪いことをひとつもしない人なんて、この世に存在《そんざい》しないのだ。

もし、相手が頭ごなしにしかるかわりに、「わたしもきみくらいの年には、おなじようなことをしたよ。でもね……」と言ってきたとしたら、きみも素直《すなお》に耳をかたむけ、きちんと話し合うこともできるかもしれない。

道徳《どうとく》についての説教には、ふたつの大きな問題がある。

ひとつ目の問題は、道徳にはしばしば偽善《ぎぜん》がつきものだということ。

まるで自分が完璧《かんぺき》な人間であるかのように、他人にお説教するのは簡単《かんたん》だ。けれども実際《じっさい》は、すべての規則《きそく》を完璧に守り、どんなときもりっぱにふるまえる人なんて、いやしないのだ。

親や先生が、いかにも「親ぶった」「先生ぶった」態度《たいど》でお説教をするとき、彼《かれ》らはしばしば自分たちのほうが「上」であることを見せつけてくる。彼らは、相手が神妙《しんみょう》に自分のお説教に耳をかたむけているとき、なんだか自分が実際よりもえらくなったり、かしこくなったりしたように錯覚《さっかく》する。モラルについての本を読んだり、講義《こうぎ》を聞いたりしたときもおなじだ。そしてそれはひどくばかばかしいことなのだ。

ふたつ目の問題は、人にはそれぞれ事情《じじょう》があり、そのつど状況《じょうきょう》もちがうのに、道徳《どうとく》は型にはまった答えしか与《あた》えないことがあることだ。

しかられているとき、きみは「わかってるよ。だけどあのときはふだんとちがって……」と言いたくなることがあるだろう。きみが悪いことをしたそのとき、頭にいったいどんな考えが浮《う》かんでいたのかは、説教相手は知るよしもない。だが、まさに「そのとき」にきみの頭の中で起こっていたことこそが、きみがよくないと知りつつも、悪い行動をとってしまった原因《げんいん》そのものなのだ。

しかしだからといって、道徳《どうとく》について話し合うのがムダというわけでは、けっしてない。

道徳の中には真実がある。ただ道徳や善悪《ぜんあく》の問題は奥《おく》が深く、複雑《ふくざつ》で、けっして一筋縄《ひとすじなわ》ではいかないものであり、そのことをよく自覚しておかなくてはならない。そうでなければ、いかに言葉をならべたてようとも、深い話し合いはできないし、本当の意味を見失ってしまうのだ。

いじわるの種類

2

「いじわる」は複雑《ふくざつ》で、いろんな種類がある。

では、「いじわるな人」とは、どんな人のことだろう。

人のいやがることをするのが「いじわる」であるけれど、でもそうしたからといって、その人がかならずしもいじわるな心をもつとはかぎらない。また、「いじわる」にも程度《ていど》や種類がある。

いちばん程度が軽いのは、「うっかり」が原因《げんいん》のいじわるだ。

わざとしているのではなく、つい、まちがったことをしてしまい、結果として人を困《こま》らせてしまうこと。

そのつぎにくるのが、「ずうずうしさ」や「あつかましさ」。禁止《きんし》されていたり、他人に迷惑《めいわく》をかけたりしても、何かを手に入れたいと思うと、かまわず手をのばす。やった者勝ちとする考え方だ。

うっかりも、ずうずうしい行為《こうい》も、相手を傷《きず》つけようとしてするわけではない。うっかりは、しかたのないこととしてゆるせる。ずうずうしさは、しかたのないことではないけれど、ずうずうしい人は他人のことを考えていないだけで、本当の意味での「いじわる」とはちがう。

本当の「いじわる」とは、程度《ていど》の軽いものであれ、重いもの

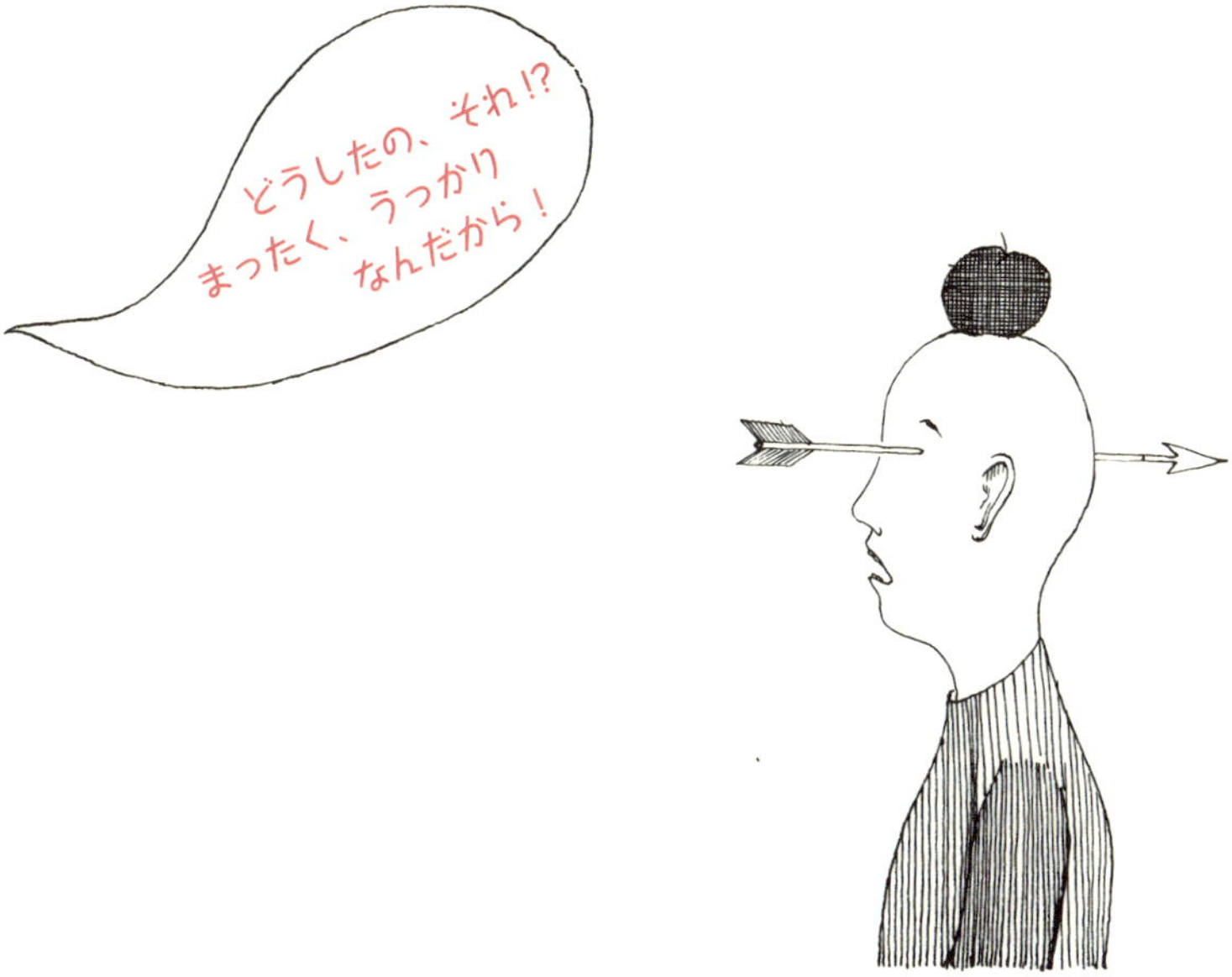
どうしたの、それ!?
まったく、うっかり
なんだから!

であれ、相手を傷《きず》つけたり、苦しめたりするためにするもの。うっかりやずうずうしさとはべつの次元のものだ。いじわるな人は、苦しめたり、侮辱《ぶじょく》したりするために「相手」が必要で、そのため相手のことを強く考える。

ずうずうしさの極端《きょくたん》な例に「どろぼう」がいるが、どろぼうにとって他人とは、盗《ぬす》みをするために必要なもの、もしくは邪《じゃ》魔者《まもの》でしかない。つまり「他人」そのものには興味《きょうみ》がないのだ。ところがいじわるをする人にとっては、他人はいじわるをするよろこびを与《あた》えてくれる対象であり、大いに大切な存在《そんざい》だ。

一言で「いじわる」といっても、いろんな種類や程度《ていど》がある。

ある特別な、かぎられた場合だけのいじわるもあれば、ほとん

ど習慣化《しゅうかんか》した、ひどいいじわるもある。

またいじわるには、しつこいものとそうでないものがある。自分をかっこうよく見せるために、だれかにいじわるをする人もいるだろう。

一般的《いっぱんてき》に、人はいじわるな行為《こうい》をするとき、まずは相手にネガティブな感情《かんじょう》をもつ。それは不信感、怖《おそ》れ、憎《にく》しみ、軽蔑《けいべつ》、またはねたみや怒《いか》りであるかもしれない。相手に対して、最初にどんな種類のネガティブな感情をもったかによって、いじわるの種類やしつこさが変わってくる。

たとえば不信感は、敵意《てきい》をもったり、相手がこまっていても手助けをしなかったりといった形のいじわるをひきおこす。

ルネ・デカルト
（1596年〜1650年）
フランスの哲学者《てつがくしゃ》、自然学者、数学者。「我《われ》思う、ゆえに我あり」という言葉を残し、近代哲学の祖《そ》と呼ばれる。剣《けん》の達人で、朝寝《あさね》を習慣《しゅうかん》にしていた。著書《ちょしょ》に『方法序説《じょせつ》』などがある。

ねたみほど、人の幸福を損《そこ》なうものはない。
ねたみにとりつかれた人は、
自分が苦しむだけではなく、
他人のよろこびまで邪魔《じゃま》しようとする。

デカルト

ねたみや怒《いか》りは、憎《にく》しみの一種だ。その憎しみは具体的なだれかにむけられる。そして怒りがおさまると、「ついかっとなっちゃって。思ってもいないことを口走っちゃったよ」と言ったりする。この点において、怒りに我《われ》をわすれた人の行動は、うっかりによる失敗と似《に》たところがある。

憎しみと軽蔑《けいべつ》は、「いじわる」の二大原因《げんいん》だ。このふたつは、よくいっしょにわきあがってくるが、かなり種類のちがう感情《かんじょう》だ。

たとえば、恋人《こいびと》にひどいふられかたをした女の人が、「あんな男、軽蔑するわ！　大きらい！」とさけんだとする。この場合、ふたつの異《こと》なった感情が複雑《ふくざつ》にからみあっていると言える

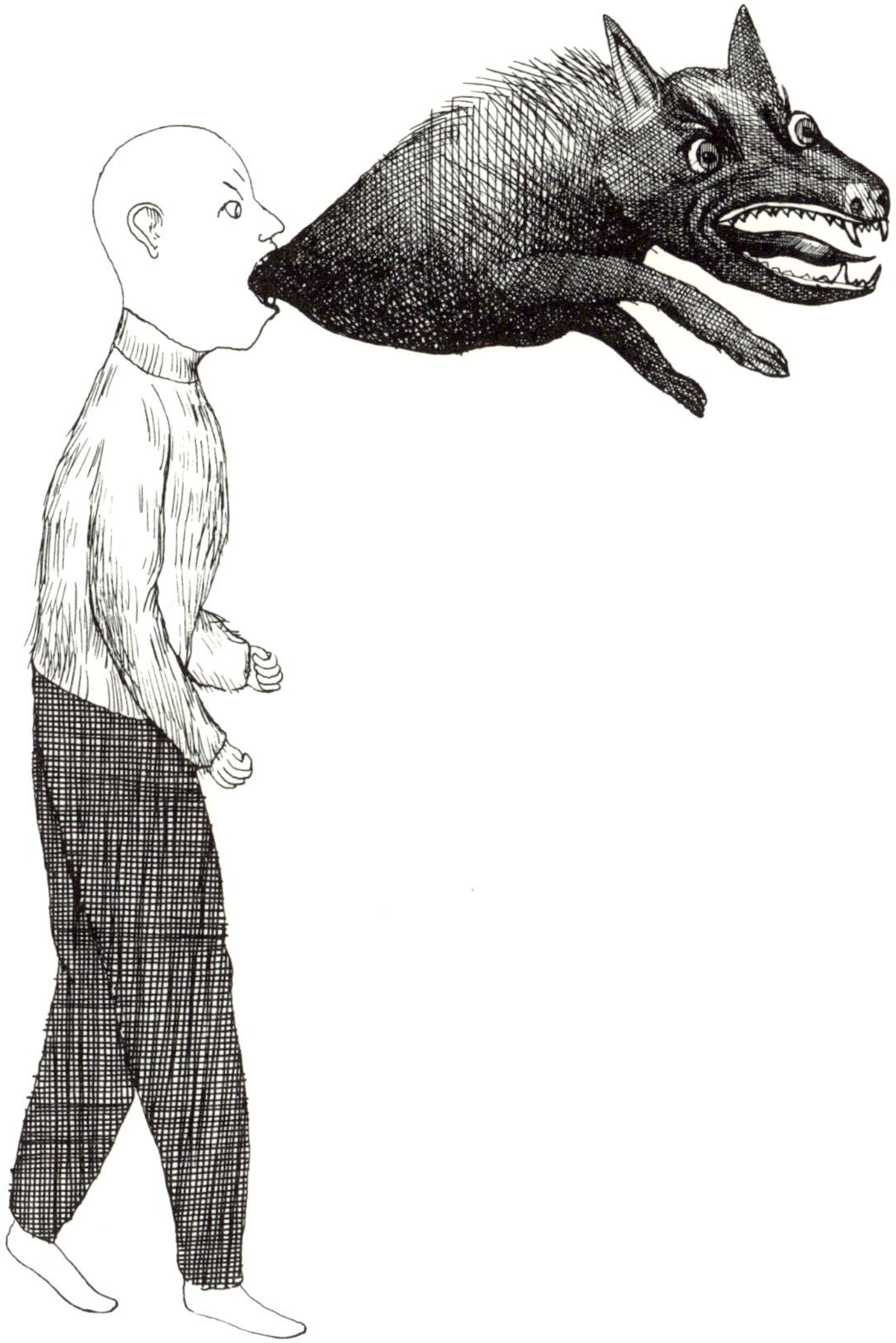

だろう。というのも、本当に相手を軽蔑《けいべつ》したら、きらうどころか、そんな人のことはどうでもよくなる。ところが相手をきらうと、その反対に、軽蔑したいのにできなくなってしまうのだ。

人は一般的《いっぱんてき》に、軽蔑する相手のことは軽く見る。きらう価値《かち》すらないと感じる。ところがきらいな相手のことは、その反対にいくら軽蔑したい、軽く見てやりたいと思っても、できないものだ。むしろきらって憎《にく》むことで、さらに気になってしまう。

だから軽蔑が原因《げんいん》のいじわると、憎しみが原因のいじわるには、いくつものちがいがある。軽蔑が原因の場合、相手を一度、ぐっと低い位置に追いやってしまえば、それですむ。しかし、憎しみの場合はそれよりもずっとしつこく、何度もくりかえしいじわるをしようとする。

いじわるには、言葉によるものと、態度《たいど》や身体的なものがあるが、それも原因《げんいん》が軽蔑《けいべつ》であるか、憎《にく》しみであるかにより、ちがってくる。軽蔑する相手には、言葉で攻撃《こうげき》するだけだが、憎しみを感じる相手には、肉体的な暴力《ぼうりょく》にまでおよんでしまうことがある。それが究極まで進むと、虐待《ぎゃくたい》、拷問《ごうもん》、殺人といった、身の毛もよだつような行為《こうい》に発展《はってん》してしまう。

拷問や虐待なんて、いじわるの枠《わく》をはるかに超《こ》えていると、きみは思うかもしれない。そんなことができるのは人間じゃない、ふつうではない精神《せいしん》をもった犯罪者《はんざいしゃ》だ、と。だがじつは、こういった身の毛もよだつ行為をする人の心の中に、わたししたちが「悪」と呼ぶもののなぞを解《と》くカギがあるのではないだろうか。

「悪」がこのような人たちのしていることで、「いじわる」が相手に「悪い」ことをすることであるならば、いじわるが究極にふくれあがったものが、この人たちのしているような「悪」であると言えないだろうか。

本当にゆるせないこと 3

さてここで、いじわるの大きな問題について話してみよう。とてもたちの悪いいじわるの場合、人はただ衝動的《しょうどうてき》にするのではなく、いじわるすることをしっかりと「選んで」いるのではないか。つまり、いじわるな人はただ衝動にまかせてするのではなく、自分なりの理由をもって、納得《なっとく》したうえで、いじわるをしているのではないか。

いじわるをする人たちには、いじわるすることに、彼《かれ》らなりの理屈《りくつ》や理由がある。だれかをバカにするのがすきな人たちは、相手を価値《かち》のない人間だと決めつける。だれかを憎《にく》む人たちは、相手をきらい、憎む理由を、山ほど見つけることができる。

哲学《てつがく》の父プラトンと彼《かれ》の師《し》ソクラテスは、このことについて考えた。プラトンはソクラテスの会話を多く書き残しているが、その中でソクラテスは、人は悪を悪と思いながら、それを望むことはできないと語っている。つまり、人はよくないと思っていることはしない、悪を犯《おか》す人は、それを「よい」とみなしているからこそするのだ、と。

プラトンが「暴君《ぼうくん》」と呼ぶところの人たちは、いいと思っているからこそ、ひどい悪事を犯す。暴君はたいへんひどい悪をよいものとして通用させようとしているのだ。

プラトン

（紀元前427年ごろ～紀元前348年ごろ）

古代ギリシャの哲学者《てつがくしゃ》。師《し》ソクラテスを主人公にした対話形式の著書《ちょしょ》を残している。「国を治めるものは哲学者でなければならない」と説いた。

こんなことを書くと、きみはひどくとまどうだろう。なぜ最大級の悪を正当化できるのか？　すすんでいじわるをすることを選ぶなんて、本当に可能《かのう》なのだろうか？　最悪のおこないにも、それをする正しい理由があるといえるのか？　そんな「理由」は、ただのウソっぱちではないのか？

その問いに答えるのは簡単《かんたん》だ。**いじわるな人は自分に都合がいい理由をつけているだけで、その理由はけっして正しくない。**「いじわるな人」とは、他人に不当な苦しみを味わわせる人のことなのだ。

囚人《しゅうじん》は、自分の犯《おか》した罪《つみ》にふさわしい罰《ばつ》を受ける。この場合、囚人が受ける苦しみは、理由のないものではない。でも、他人からのいじわるによって受ける苦しみは、まったくいわれのないものだ。軽蔑《けいべつ》からくるいじわるであろうと、憎《にく》しみからくるいじわるであろうと、それに変わりはない。

軽蔑からくるいじわるの場合、いじわるをする側の人は、おどろくほど簡単《かんたん》に、相手にレッテルをはり、「あいつはバカだ」「ダメなやつだ」と決めつける。人種差別主義者《じんしゅさべつしゅぎしゃ》や性《せい》差別主義者の場合は、さらにひどく、問答無用で相手を「汚《きたな》いもの」「劣《おと》ったもの」とみなす。これはたいへん不愉快《ふゆかい》でまちがったことだ。相手には、そんなあつかいを受けなければならない理由は何ひとつないのだ。

憎しみからくるいじわるの場合は、さらにひどい。レッテル

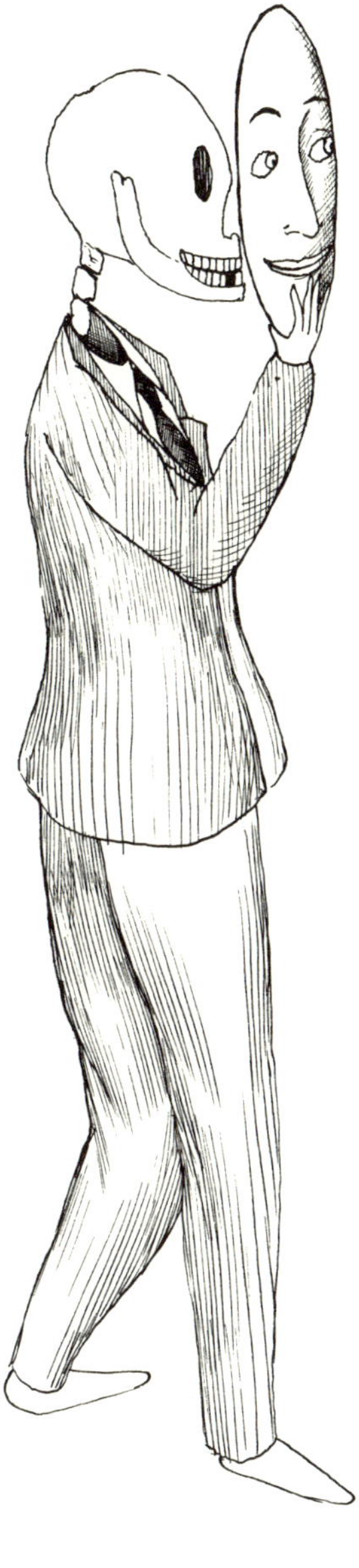

をはるだけでなく、もっとすすんで、相手に罰《ばっ》を与《あた》えようとする。憎しみから他人を攻撃《こうげき》する人に、そのわけを聞いてみるといい。その人は必ず、自分や自分の仲間が、以前、苦しめられたからと答えるだろう。彼《かれ》らは自分たちを犠牲者《ぎせいしゃ》とみなしているのだ。つまり彼らの行動は一種の復讐《ふくしゅう》だ。復讐のために、相手を苦しめる。だが問題は、彼らが復讐をよしとしているだけではなく、その対象をだれでもいいと思っていること。自分が受けた（と信じている）苦しみより、相手に与える苦しみのほうが、ずっと大きいのに。

いじわるをされた人は「なぜこんなひどいことをするの？

いったいぼくがきみに何をしたというの？」とさけびたくなる

だろう。それに対する、いじわるをする側の答えはふたつあるが、どちらもまったく納得《なっとく》のいかないものだ。

ひとつ目の答えは「たしかにおまえは何もしていない。でもおまえ以外のだれかがやっただろう?」というもの。

ふたつ目の答えは、こちらはまったくそんなことは思ってもいなかったのに、「いや、おまえはそう思っていただろう。かくしたってダメだ」というものだ。自分こそがだれよりもかしこい、だからすべてはお見とおしと思いこんでいるのだ。またそこまではいかなくても、正しいことが何かを決めるえらい権《けん》力者《りょくしゃ》がいて、それに仕える自分が代理として罰《ばつ》を与《あた》えているつもりになっている場合もある。

ある日、一頭の子羊が、澄《す》んだ小川で水を飲んでいました。

そこへ腹《はら》ぺこのオオカミが、獲物《えもの》をさがしてとおりかかりました。

「水をにごらせるなんて、とんでもないヤツだ！ こらしめてやる！」

オオカミはさけびました。

「オオカミさん、怒《おこ》らないで。ぼくは水を飲んでいるだけです。

それにあなたは、ぼくより川上にいるんだから、飲む水がにごるわけはありません」

子羊は答えました。

「いいや、おまえは水をよごした。それにおまえは一年前、オレの悪口を言っただろう」

「いいえ。だってぼくは一年前、まだ生まれていないもの」

「おまえでなかったら、おまえの兄弟のだれかにちがいない」

「ぼく、兄弟はいません」

「だったら、おまえのところの家族か、羊飼《ひつじか》いか、牧羊犬が言ったんだ。とにかく、オレはぜったい容赦《ようしゃ》しないぞ。悪口にはしかえしをしなくちゃならん」

そう言うと、オオカミは、子羊をぺろりと食べてしまいました。


ラ・フォンテーヌの寓話《ぐうわ》『オオカミと子羊』より

つまり、いじわるをする側が正しいとしている理由は、いじめられている人から見ても、第三者から見ても、あきらかにまちがっている。いじわるをすることに「正しい理由」があると考えるなんて、まったくもってとんでもないことなのだ。

悪といじわるさにおいて、本当にゆるせない点はここにある。いじめられている人がおしつけられた苦痛《くつう》には、正当な理由がないということ。そしていじめる側は、そんなことはおかまいなしに、人を苦しめることをただただ楽しんでいるのだということ。

自分こそが正しいと決めつけて、疑《うたが》わないこと。それはすでにいじわるや悪の始まりだ。さらに、それが究極まで進むと、他人の苦しみが自分の得になると考えることがある。なんとも

ジャン・ド・ラ・フォンテーヌ
（1621年～1695年）
フランスの寓話《ぐうわ》詩人。イソップ寓話をもとにした『北風と太陽』『アリとキリギリス』などで有名。「すべての道はローマに通ずる」という言葉を残した。

ウィリアム・シェイクスピア
（1564年～1616年）
イギリスの詩人、劇作家《げきさっか》。俳優《はいゆう》ののち、座《ざ》つき作者となり、『ハムレット』『リア王』『リチャード三世』など、英国ルネサンス文学の最高峰《さいこうほう》と称《しょう》される作品を残した。

「ぼくはあなたの夫を殺していない」

「だったら、夫は生きているはずでしょう？」

「いや、エドワード王の手で殺された」

「なんてけがらわしいうそつき！　あなたの剣《けん》が夫の血にぬれ、煙《けむ》っているのを、お妃《きさき》さまがごらんになったわ。あなたはさらにお妃さまにまで剣をむけ、自分の兄弟にとめられたのよ」

「ちがう。もとはといえばお妃さまが、ぼくを口汚《くちぎたな》くののしって、挑発《ちょうはつ》したんだ。無実のぼくに罪《つみ》を着せてね」

「あなたを挑発したのは、ご自身の血に飢《う》えた、殺戮《さつりく》を求める魂《たましい》よ。じゃあ、ヘンリー王を殺したのはあなたではないというの？」

「いや、それはたしかにこの手で」


シェイクスピアの史劇《しげき》『リチャード三世』より

とんでもない考えだ。

人はみんないじわる？

4

「たしかに、自分がだれよりも優《すぐ》れていると思っていたり、世の中のすべてを恨《うら》んでいたりするような人たちっているけど、それは例外的な、異常《いじょう》な人たちなんじゃないの？　それ以外の人たちはみんな、常識《じょうしき》のある、いい人なんじゃないの？　何もかもうまくいくなんてことはありえないって、よくわかっていて、ほかの人といっしょにきちんと社会でくらし、法律《ほうりつ》にしたがっているような人が大多数なんじゃないの？」と、きみは言うかもしれない。

でも物事はそう単純《たんじゅん》ではない。**人はみな、いろいろな面をもっている。考えや心の状態《じょうたい》はつねに一定ではなく、さまざまにゆれ動き、変化する。**相手を軽蔑《けいべつ》し、偏見《へんけん》をもって、勝手にレッテルをはる人たちがするように、簡単《かんたん》に全部わかったような気になるべきではない。悪いことばかりしていた子が急に親切なことをしたり、その逆《ぎゃく》に、ふだんとてもいい人がふいにひどいことをしたりするところを、きみだってきっと見たことがあるだろう。

人の行動は、環境《かんきょう》や状況《じょうきょう》によって左右されることが多い。よくないこと、いじわるなことをしてしまうのは、案外、たやすいことだ。よくないことをしてしまったとしても、それは状況

プリーモ・レーヴィ
（1919年〜1987年）イタリア系《けい》ユダヤ人の化学者、作家。ナチスへのレジスタンス活動をおこない、アウシュヴィッツ強制収容《きょうせいしゅうよう》所《じょ》に送られるが、生還《せいかん》。この体験を記した著書《ちょしょ》『アウシュヴィッツは終わらない』で世界的に知られる。

人間とはもともと矛盾《むじゅん》した存在《そんざい》だが、
強いプレッシャーにさらされると、
さらにそれがひどくなる。
そうして磁極《じきょく》にふれて
おかしくなった方位磁石《ほういじしゃく》のように、
判断《はんだん》がくるってしまう。

プリーモ・レーヴィ

のせいで、その人自身がいじわるな心をもっているわけではないということも、よくあるのだ。

ときにわたしたちは、「悪い人」というのは、勝手にひとりで悪いことをしているのだと思うが、それはかならずしも正しくない。前代未聞の大事件《だいじけん》を計画する犯罪者《はんざいしゃ》の場合は、たしかにそうかもしれない。でも、いじわるや悪事の程度《ていど》がささいな場合、憎《にく》しみや軽蔑《けいべつ》といった感情《かんじょう》を共有するグループのしわざであることもよくあるのだ。

こういう集団《しゅうだん》によるいじわるは、ギャングなどの暴力的《ぼうりょくてき》な集団だけがするのではなく、社会のあちこちで、ごく日常的《にちじょうてき》におこなわれている。そのほこさきは、ふつうとはちがうもの、社

会の規格《きかく》からはみだしているもの、ないほうがいいとその集団《しゅうだん》が信じているもの、または見なれないもの（それが外国人の場合もある）などにむけられる。**いじわるや悪は、善《ぜん》とおなじように、ごくふつうの人々の、ごくふつうの関係においても見られるのだ。**

そのことを強く主張《しゅちょう》したのは、**ホッブズ**だ。

ホッブズは「万人は万人に対してオオカミである」と言った。彼《かれ》によると、健全な人間はひとりの例外もなく、つねに競争状《じょう》態《たい》にある。ほかの人がもっているものを手に入れたいと願い、ほかの人よりも勝っていたいと願う。力のうえで他人の優位《ゆうい》に立つことで、身の安全を守ろうとする。だからもし法律《ほうりつ》や警察《けいさつ》

トマス・ホッブズ
（1588年～1679年）
イギリスの哲学者《てつがくしゃ》。市民戦争や宗教《しゅうきょう》戦争を完全になくすために、絶対主義《ぜったいしゅぎ》王政《おうせい》を支持《しじ》した。著書《ちょしょ》『リヴァイアサン』で、国家がなければ「万人の万人に対する戦争」が起こると説いた。

ブレーズ・パスカル
（1623年～1662年）
フランスの哲学者《てつがくしゃ》、数学者。さまざまな分野で才能《さいのう》を発揮《はっき》した。確率論《かくりつろん》、計算機の考案が有名。「人間は考える葦《あし》である」などの名文句《めいもんく》がのっている著作《ちょさく》『パンセ』は、未完成の遺稿《いこう》をまとめたもの。

人間のもつエゴは、
ひとつひとつがたがいに敵《てき》であり、
ほかのすべてのエゴを
思うように操《あやつ》ろうとする。

パスカル

に罰《ばっ》せられないとしたら、人間はいつも他人をけおとし、やっつけようとする。ホッブズはこれを「万人の万人に対する戦争」と表現《ひょうげん》した。

これはつまり、ごく極端《きょくたん》ないじわるをのぞき、そもそも社会の中で「いじわるな人間」をはっきり区別することなどできない、ということだ。人々が規則《きそく》や礼儀《れいぎ》にしたがうのは、そうするほうが得だからであって、胸《むね》の中には嫉妬《しっと》、嫌悪《けんお》、軽蔑《けいべつ》といった感情《かんじょう》がたぎりつづけている。社会が発展《はってん》してより豊《ゆた》かになったり、より洗練《せんれん》されたものになったりしても、人間のこうしたいじわるさが減《へ》るとはかぎらないのだ。

ホッブズの偉大《いだい》な後継者《こうけいしゃ》であるルソーは、さらに強い言葉で、

ジャン=ジャック・ルソー
（1712年～1778年）
スイス生まれの哲学者《てつがくしゃ》。国家というものは、王家のもちものではなく、あくまで人民による約束からつくりだされたものだとして「人民主権《しゅけん》」を説いた。主な著書《ちょしょ》に『社会契約論《けいやくろん》』。作家、作曲家でもあり、童謡《どうよう》『むすんでひらいて♬』を作曲した。

「たいへん上品なマナーが要求される、もっとも洗練《せんれん》された社会こそ、もっとも冷たく、偽善《ぎぜん》に満ちた社会だ。大都会ではなく、田舎《いなか》に住む素朴《そぼく》な人のあいだにこそ、気さくで思いやりに満ちたマナーがある」とのべた。

ルソーが生きた18世紀中ごろは、**啓蒙《けいもう》時代**とよばれ、科学技《ぎ》術《じゅつ》や文明が一気に花開いた。その中心地であるパリの社交界には、芸術家や学者がつどい、ぜいたくをつくし、多くの**サロン**があった。でもルソーは、それは文明の頂点《ちょうてん》などではなく、そもそも「文明」というものが、外見をとりつくろうことにすぎないとした。

では、もしわたしたちが多かれ少なかれ、「いじわる」な社

啓蒙《けいもう》時代

ヨーロッパで啓蒙主義《しゅぎ》が主流となっていた17世紀後半から18世紀にかけての時代のこと。「啓蒙」とは「暗《くら》闇《やみ》や無知をおいはらう」という意味。「啓蒙主義」とは、古い宗教《しゅうきょう》や迷信《めいしん》の非合理的なところを批判《ひはん》し、権威《けんい》から自由になって、理性《りせい》にしたがって行動し、社会をつくることを目指した思想。

サロン

17世紀から18世紀にフランスなどで流行した、上流階級の女性《じょせい》が客間でひらいた社交的集会。上流階級の人間や学者、芸術家《げいじゅつか》だけが招《まね》かれ、洗練《せんれん》された文化を育む起点《きてん》となった。

会にくらしているのなら、「いじわる」や「悪」とはごくふつうのことになるのだろうか。だったら、いじわるについて考えたり、いじわるがなくなることを望んだりするのは、まったく無意味になってしまうのだろうか。

5 いじわるのよい面とは？

ではここでひとつ、考えてみよう。はたして「いじわる」にも、よい面があるのだろうか？　じっくり考えてみれば、そうだと言える理由もいくつか見つかりそうだ。

まず、わたしたちの社会には、**揶揄**《やゆ》や**風刺画**《ふうしが》などの「いじわるさ」を使った文化が存在《そんざい》する。それは新聞や雑誌《ざっし》などのメディアでよく見られるものだ。ぴりっと皮肉をきかせた「いじわる」はときに楽しく、ユーモアにあふれる。何が何でもいじわるを排除《はいじょ》しなくてはいけないとしたら、おそろしくたいくつだろう。

揶揄《やゆ》
からかうこと。

風刺画《ふうしが》
人物の愚《おろ》かなおこないや、社会の罪悪《ざいあく》などを遠まわしに批判《ひはん》する目的で、人物や事件《じけん》をこっけいに描《えが》いてみせる絵のこと。

お話の世界でもそうだ。いじわるな悪役はいつも独特《どくとく》の魅力《みりょく》をもつ。悪役のまったくいないお話なんてたいくつだ。こう見ていくと、いじわるというのは「わくわくすること」につながる。

「風刺画《ふうしが》」とは、どんなものだろう。それは、ある人物の見かけやふるまいを、こっけいになるほどけたはずれに誇張《こちょう》した絵のこと。ときどき誇張しすぎて、実際《じっさい》の人物に似《に》ても似つかないものになってしまうくらいに。

よい風刺とは、ある人物の特徴《とくちょう》をとらえ、それを極端《きょくたん》に大げさに描《えが》きながらも、本物らしさを失わないもの。その人物だときちんとわかるようにしつつも、その欠点を残酷《ざんこく》なまでに誇張し、あからさまにする。こういったいじわるでありながらも「よ

い」風刺《ふうし》は、古くから多くの芸術家《げいじゅつか》たち——画家、さし絵画家、モラリスト、批評家《ひひょうか》、コラムニスト、風刺漫画家《まんがか》など——が手がけてきた。こういった場合には、いじわるさは「真実」につうじるといえるだろう。

ただし、苦しんでいる人や亡《な》くなった人をからかうのは、たんなるいじわるさをとおりこし、たいへん恥《は》ずべきことだ。災害《さいがい》やテロ、虐殺《ぎゃくさつ》などで、多くの人が亡くなったとき、それをからかうのはきわめて下劣《げれつ》なこと。相手かまわず、からかうようなまねはぜったいにしてはならないのだ。

だが、人のいやがることやいじわるなことをして迷惑《めいわく》をかけ、社会で果たすべき役割《やくわり》を果たさずに、ただいばってばかりいる

バールーフ・デ・スピノザ
（1632年～1677年）
オランダの哲学者《てつがくしゃ》。ユダヤ人商人の家に生まれる。神の存在《そんざい》を信じない傾向《けいこう》から、若《わか》くしてユダヤ教団《きょうだん》を破門《はもん》される。以後、教師《きょうし》とレンズ磨《みが》きで生計を立てた。「人間をふくめ、すべてのものは必然的に決定されている」と説いた。著書《ちょしょ》に『エチカ』がある。

からかいとは、
自分がきらいなものの中に、
軽蔑《けいべつ》できる何かがあると
感じることからくるよろこびだ。

スピノザ

ような人に、おなじ方法でしっぺがえしするとしたら？　この場合のいじわるは、「公平さ」につながるともいえないだろうか。

それに何より、きみはだれかを――とくに政府《せいふ》や国を治めている人たちを――からかうことが禁止《きんし》されているような国に住みたいと思うか？　もちろん思わないだろう。民主主義《みんしゅしゅぎ》の国家なら、憲法《けんぽう》で表現《ひょうげん》の自由がみとめられているものなのだ。

古代ギリシャの偉大《いだい》な喜劇《きげき》作家**アリストファネス**は、時《とき》の権《けん》力者《りょくしゃ》であろうと、えらい哲学者《てつがくしゃ》であろうと、ごくふつうの庶民《しょみん》であろうと、おなじようにからかい、批判《ひはん》した。

民主主義社会において、真実をしっかりと見せてくれる風刺《ふうし》はおおいに歓迎《かんげい》されるべきものだ。風刺が行きすぎて限界《げんかい》を超《こ》

アリストファネス
（紀元前445年ごろ～紀元前385年ごろ）
古代ギリシャの喜劇《きげき》作家。政治《せいじ》や社会の問題を風刺《ふうし》した作品が多い。代表作『雲』では、哲学者ソクラテスをへりくつばかりを教える男としてこっけいに描《えが》いた。また『女の平和』では、戦争を好む男たちを留《とど》めるために女たちがめぐらした計《けい》略《りゃく》を描いた。

えないかぎり、のびのびとやってかまわない。その限界《げんかい》は法律《ほうりつ》が定める。こういった場合のいじわるは、「自由」につながるといえるだろう。

アリストテレスは、人間は生まれながらにして社会的な生き物で、ほかの人といっしょにいたり、わけあったりすることを好むと言った。だれもがそうかどうかはべつとしても、人といっしょにいたり、交流したり、たがいに通じるものを感じたりすることは、大きなよろこびであるのはたしかだ。孤独《こどく》をさけるために、自分の不利益《ふりえき》になることでも受け入れるという人も多いだろう。

けれども悲しいことに、ある集団《しゅうだん》に属《ぞく》するということは、同

アリストテレス
（紀元前３８４年ごろ～紀元前３２２年ごろ）
古代ギリシャの哲学者《てつがくしゃ》。ソクラテス、プラトンとともに、しばしば西洋最大の哲学者のひとりとされ、西洋思想のすべてに大きな影響《えいきょう》をあたえた。
またそのさまざまな分野にわたる自然研究の業績《ぎょうせき》から「万学《ばんがく》の祖《そ》」ともよばれる。

時にその集団《しゅうだん》以外の人たちのことを、自分たちとはちがうとみなすことにつながる。そしてひどい場合には、ばかにしたり憎《にく》んだりして、よそ者、または敵《てき》あつかいをする。ある共同体や集団が、ときに「部外者」にむけるこういった感情《かんじょう》は、さけることがむずかしい。この手のいじわるさは、「共同体」や「仲間」のあいだで共有されているのだ。

哲《てつ》学《がく》にとってむずかしいこと 6

とはいえ「よいいじわる」とは、言葉からして無理がある。いじわるとは基本的《きほんてき》に人を苦しめ、傷《きず》つけるものなのだ。そんなものがなんの役に立つというのか。

からかうためだけなら、いじわるは必要ない。利害関係があり、相手に不信感を感じた場合でも、ただ用心をすればすむことで、いじわるな対応《たいおう》をしたら、さらに関係がこじれてしまう。

人間が個人《こじん》の利益《りえき》を多少犠牲《ぎせい》にしても、集団《しゅうだん》でいたがる存在《そんざい》で、しかも集団でいることが、ほかの集団と敵対《てきたい》することであるならば、人間は生まれながらに敵《てき》どうしであるということになりはしないだろうか？

きっと「いじわるな人」は、きみにこう言うだろう。「どんなときもほかの人のためになることをするなんて、しょせん無理なんだよ。きみだって本当は、いやな思いをさせてやりたい相手や、いなくなっちゃえばいいと思う相手が、ひとりやふたりはいるだろ？　でもめんどうなことになるのがいやだから、ほかのみんなに合わせて善人《ぜんにん》づらしてくらしているのさ。だけどそれは言いかえれば、もし仮《かり》にほかのみんなが戦争に行って人殺しや拷問《ごうもん》をしたら、そのときにはきみもまた同じことをするってことだよ。きみがふだん残酷《ざんこく》なことをしないのは、ただ

怖《こわ》いからじゃないか。もしできるなら、よろこんでやっているはず。そもそも他人を苦しめちゃいけない、他人のためになることをしなくちゃいけないなんて、だれが決めたのさ？　自然界をごらんよ。動物たちは『ほかの動物のためになること』なんて考えるかい？　それにきみたち、たとえばニワトリや豚《ぶた》や牛のためになることなんて、している？　育てて、殺して食べてと、ひどく残酷《ざんこく》なことをしてるじゃないか。人間の歴史なんて、戦争や虐殺《ぎゃくさつ》でいっぱいさ。宣教師《せんきょうし》だってひどいことをした人はたくさんいる。きみたちが本当はしたいと思っているのにできないことを、ぼくらがしたからといって責《せ》めるのは、おかどちがいだよ」

こんなことを言われたら、きみは答えにこまってしまうのではないだろうか。じつはプラトンにとっても、答えるのはむずかしかった。『ゴルギアス』という対話篇《たいわへん》の中で、カリクレスという、教養の高い、貴族《きぞく》の美しい若者《わかもの》が、ソクラテスにこんな問いかけをしている。

「ソクラテスよ、あなたは『法と正義《せいぎ》を守り、理にかなったおこないをするように』と説いているが、それはまちがっている。本物の『生』とは、そのときどきの自分の情熱《じょうねつ》を満足させること。強者はみな、そうしている。それを不満に思った弱者が、強者をおさえるために法をつくったのだ。だから法をほめたたえるあなたは、そういった弱者に属《ぞく》しているのだ」

カリクレスによれば、いわゆる「よい人」「よいおこないをしたがる人」とは、たんに「弱い人」。そして弱さとは、すなわち「悪」なのだ。本当の「よい人」とは、他人に勝つために思いきったことができる、幸せな人。つまりいじわるな人のことなのだ。

また、プラトンの対話篇《たいわへん》の名作『国家《こっか》』において、対話者のひとりが「人間は善《ぜん》のためだけに善行はしない。人間がいいことをするのは、それで何か得をするからだ」と言い、羊飼《ひつじか》いのギュゲスの話をした。

あるとき、ギュゲスは透明《とうめい》になることができる、魔法《まほう》の指輪を手に入れた。するとギュゲスはそれを使って、女王の寝室《しんしつ》に

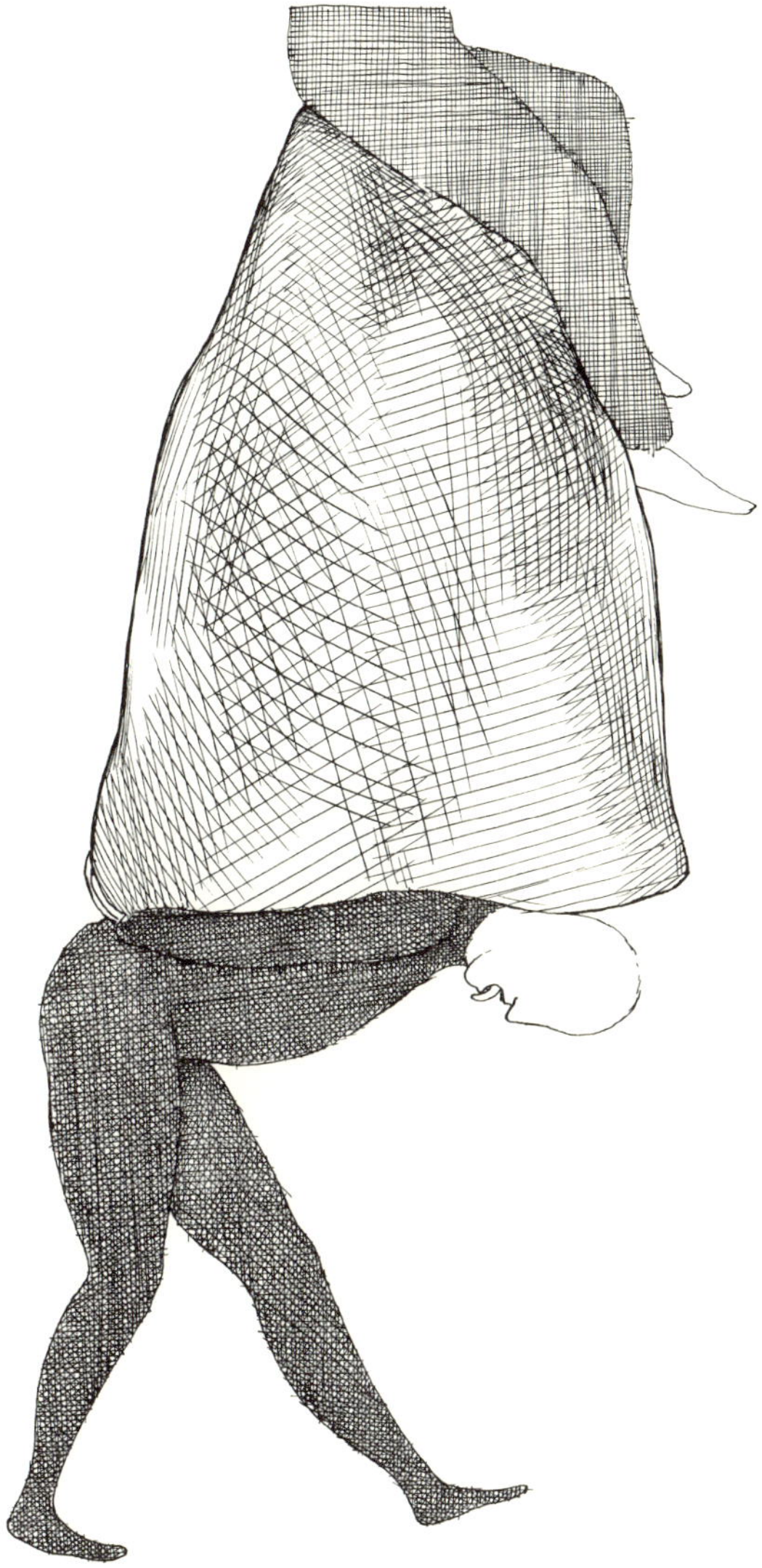

しのびこみ、王を殺し、王の座《ざ》をうばった。姿《すがた》が見えず、何をしても罰《ばっ》せられないとわかったら、良心や道徳《どうとく》なんてたちどころにどこかにすっとんでしまったのだ。

もし何をしても、ぜったいにとがめられないとしたら？　ずっと欲《ほ》しかったものを盗《ぬす》んでも、テストでカンニングしても、だれかをひどい目にあわせても、ぜったいにばれないとしたら？　ギュゲスのように透明《とうめい》人間になったとしたら？　きみだったら、どんなことをする……？

人が悪いことをするのは、
やったことがばれないとき、
ばれたとしても罰《ばっ》せられないとき、
また罰せられても、悪いことをして
自分や仲間が手に入れる利益《りえき》のほうが
大きいとわかっているときだ。

アリストテレス

7 よくない選択《せんたく》をしたのは、だれ？

「ぜったいに罰《ばっ》せられないとすれば、きみはどんな悪いことをする？」

とはいえ、こんな問いに答えるのは不可能《ふかのう》だ。だってすべての罰《ばっ》を逃《のが》れることなんて、できるわけがないのだから。

何か宗教《しゅうきょう》を信じている人たちは、人間が見ていなくても、神が見ていると思うだろう。死後にひどい罰を受けると考えるかもしれない。

神を信じていなくても、人間の法や裁《さば》きから完全に逃れられると考える人は、まずいないだろう。そんなことができたら、人間ではなく超人《ちょうじん》である。

いずれにしても、わたしたちは自分自身の裁判官《さいばんかん》だ。ものすごくよい裁判官とはいえないかもしれないけれど、とにかく自分で自分の行動を裁《さば》く。

わたしたちの良心は、さまざまな場面や状況《じょうきょう》——たとえば暴力《ぼうりょく》、貧《まず》しさ、虐待《ぎゃくたい》、ドラッグやアルコール依存《いぞん》、洗脳《せんのう》、プレッシャー——などにより、弱められてしまうことがある。

ごくふつうの人間がある特殊《とくしゅ》な政治《せいじ》思想や宗教《しゅうきょう》を深く信じたり、無条件《むじょうけん》で権力者《けんりょくしゃ》や教祖《きょうそ》にしたがったりして（ちなみに、このふたつの行為《こうい》には深いかかわりがある）、考えられないほどの悪事に手をそめてしまうこともある。ナチスの前代未聞のおそろしい犯罪《はんざい》にかかわった人たちだって、多くはごくふつうの市民だった。

しかし、たとえだれかに命令されたからにしても、ひどい罪《つみ》をおかして、良心の呵責《かしゃく》をまったく感じない人はほとんどいない。ひどい犯罪をおかしたのに、心やすらかにねむれるほどの無感覚さは、ふつうの状態《じょうたい》ではない。

もし自分にこういった無感覚があると、きみが本気で感じるなら（しばしばそれは受けた教育に原因《げんいん》があることが多いけれど）、犯罪を起こす前に専門《せんもん》の精神科医《せいしんかい》にみてもらったほうがいい。だが、たいがいの場合は、残酷《ざんこく》な行為《こうい》はやはり恐《おそ》ろしい

ナチス
1920年に成立したドイツの政党《せいとう》。アドルフ・ヒトラーが指導《しどう》者《しゃ》として率《ひき》い、1933年に政権《せいけん》を獲得《かくとく》した後、独裁《どくさい》体制《たいせい》をしいた。第二次世界大戦中には、ヨーロッパ各地に強制収容所をつくり、そこでユダヤ人をはじめとする、たくさんの命が奪《うば》われた。

と感じるはずだ。仮《かり》にどこかひかれる気持ちをもつとしても、それは夢想《むそう》や想像《そうぞう》の枠《わく》をこえることはない。

さて、カリクレスはいじわるをしたり、悪いことをしたりできないのは、弱さや怖《こわ》がりが原因《げんいん》だと言った。でもきみは経験《けいけん》からして、きっとそうは思わないだろう。ソクラテスもそうだった。

警察《けいさつ》につかまったり、裁判《さいばん》にかけられたりするのはもちろんいやだが、それ以上に、だれかの血が流れたり、悲鳴を聞いたり、自分のまわりに存在《そんざい》するものが徹底的《てっていてき》に破壊《はかい》されたりするのを見るのが、きみはたえられないのではないか。

自分の周囲の幸福を願うのは、ごく自然なこと。きみが愛さ

たしかに、けたはずれにひどいことをした人の大多数が、
その行為《こうい》の最中、またはその後に、
自分のしたことがいかに不公平きわまりなかったかに
気づき、疑《うたが》いや不安をもったり、
さらには罰《ばっ》せられたりする。
だが、加害者のそんな苦しみは、
犠牲者《ぎせいしゃ》のそれにくらべれば、ものの数にも入らない。

プリーモ・レーヴィ

れ、大切にされて育ってきたのなら、なおさらだ。

ここで以前述《の》べた、人を憎《にく》んだり、軽蔑《けいべつ》したりする人たちのことを思いだしてみよう。軽蔑したり、差別したりする人も、周囲のしあわせは願っている。ただしその対象は、自分の仲間だけにかぎられていて、それ以外の人は苦しんでもかまわないし、そう感じることになんの疑問《ぎもん》も抱《いだ》かない。

だれかを憎んでいる人は、何かが破壊《はかい》されたり、傷《きず》つけられたりしたときにこそ、気分のよさを感じる。

自分ばかりでなく、周囲のみんなのしあわせを望む、きみのような人が正しくて、そうでないいじわるな人たちはまちがっているのだろうか。ソクラテスはカリクレスの問いに「まちがっている」と答え、こう強調した。理性《りせい》がもとめるのは秩序《ちつじょ》であり、バランスであり、正義《せいぎ》であり、美である。どんなにカリクレスがりっぱに説明しようとも、彼《かれ》はまちがっている。なぜなら彼は、秩序もバランスも正義も美も、重要でないとしたからだ。真の理性のある人なら、けっしてこんなことを言ったりはしないのだ。

現代《げんだい》は、だれにでも通用する理性があるとは言いづらい時代だ。普遍的《ふへんてき》に何が正しく、善《よ》く、美しいのかを言うのは、非常《ひじょう》にむずかしい。理性とはむしろそれぞれの人がもつもので、ものごとを深く考え、理解《りかい》するためのもの。

理性を使って考えれば、みなが正しいと納得《なっとく》できるものも、もちろんあるだろう。だが、たとえば人の生き方のように、どちらがより理性的《りせいてき》か、どちらがより正しいか、決められないものもあるのではないだろうか。それぞれが可能《かのう》な範囲《はんい》で、よいと思ったように生きる、ただそれだけではないか。

いじわるな人の生き方もそうだ。「人を苦しめてはいけない」と、いじわるな人に言って聞かせても、「オレだって苦しめられたんだ」と答えるだろうし、「そんなことをしたらあとが大変だぞ」と言って聞かせても、「あとなんてどうでもいい。大切なのは今だ」と答えるだろう。「そんなことをしたら、だれにも相手にされず、ひとりぼっちになってしまうぞ」と諭《さと》しても、「もうひとりぼっちになってるよ。今さら失うものなんか何もないんだ」と答えるかもしれない。つまり、議論《ぎろん》するだけムダなのだ。

ためしにひとつ、自分にたずねてみないか？　自分自身のためではなく、ほかの人のために何を願うかと。もしかしたら「みんなの願いができるだけかないますように」というような答えが、きみの頭に浮《う》かぶかもしれない。

おなじ質問《しつもん》を、他人を軽蔑《けいべつ》したり、差別したりする人にしてみると、おそらく「みんなが望むものを手に入れられますように。ただしそれは価値《かち》のある人たちだけで、おろかなやつらは何も手に入れなくていい」と答えるだろう。この場合、彼《かれ》の言う「みんな」とは、じつは「みんな」でもなんでもない。

他人を嫌悪《けんお》したり、憎《にく》んだりしている人の場合、彼《かれ》が望むのはその相手が消えてなくなることだけ。とはいえ、ほとんどの場合、それは口だけのこと。万が一、相手が本当に殺されるようなことがあれば、おそらく彼はよろこぶより、いやな気持ちになるだろう。

これを見てもわかるように、他人を軽蔑《けいべつ》する人の答えも、憎む人の答えも、まったく理にかなっていないのだ。

プラトンはいじわると不正には、無知と愚《おろ》かさが大いにかかわっていると考えた。教養や知性《ちせい》がないからというより、知ることへのかたくなな拒否《きょひ》だ。プラトンのこの考え方から学ぶことは多い。

他人に憎《にく》しみをもつ人は、他人を下に見て軽んじる人よりもさらに、考えがこりかたまっている。たとえ実際《じっさい》にはだれのことも攻撃《こうげき》していないとしても、人に強い憎しみをもつのは、ひどく悲しいことだ。過去《かこ》にだれかによくないことをされたとしても、人生でそれより大事なことはたくさんあるし、うらみをもちつづけるよりも――仮《かり》にうらみをもつもっともな理由があったとしても――するべきことはいくらでもあるのだ。

8

未来のことを考えよう

「じゃあ、哲学《てつがく》によると、いじわるさはぜったいにもっちゃいけないってこと？」と、きみはたずねるかもしれない。

「世の中にどんなに目にあまる、ひどいことがあふれていても、いつもヒツジのようにおとなしく言うことを聞き、いじわるもふくめなんでも受け入れなくてはならないの？」

もちろんそんなことはない。

哲学が望むもの、それは「なんでも言うことを聞くこと」ではなく、しっかりと自分の頭で考え、考える自由を守ること。

そしてその自由をさらに広げるため、可能《かのう》なかぎり努力をすること。

考える自由にも哲学《てつがく》にも、それをじゃまする「敵《てき》」がいる。その敵にはしっかりと立ちむかい、たたかわなくてはならない。立ちむかってたたかったことが一度もない人生なんて、ただたいくつなだけだ。

でもたたかうからといって、やさしさやおだやかさに背《せ》をむけるわけではない。

やさしさとは、あまさやだらしなさとはちがう。やさしさにもさまざまな形があるし、毅然《きぜん》とした強さがあってこそ、真のやさしさがある。やさしさとは思いやりであり、先を見とおす

目であり、ゆるぎなさであり、静かな力強さだ。

やさしさはたたかいの前後だけでなく、たたかっている最中にも使うべきものだ。いじわるな人がするように、相手を侮辱《ぶじょく》したり、汚《きたな》い手口を使ったり、よくない態度《たいど》をとったりしないようにすること。これもやさしさのひとつだ。

こういった種類のやさしさをもつことができるのは、どんな人たちだろう?

それは自分の願いばかりを第一に考えるのではなく、社会にいる多くの人たちにとってよいこと、ためになることを、真剣《しんけん》に考えられる人。彼《かれ》らはいざたたかわなくてはならないときでも、だれかを憎《にく》むことはない。なぜならある個人《こじん》の人間に対し

てたかうのではなく、みとめてはならないと思う状況《じょうきょう》に対して、もしくはこうあるべきだと思う状況を守るために、たたかうから。

彼《かれ》らが心をくだき、望むのは、多くの人がよりよく生きられること。それを基準《きじゅん》にして考え、行動するから、未来を見つめる広い視野《しや》をもつことができる。それにひきかえ、いじわるな人はごくせまい、エゴイスト的な視野や目的しかもつことができない。

きみは若《わか》い。これからつくる未来のことを考えよう。ここで言う未来とは、はるか遠くの何かではなく、むしろいちばん近いところ、自分の手で左右できるところにあるものだ。それがなければ、本当の意味で行動することも身をすえることもできない。目の前に広がる未来は、まだだれのものでもない。だからこそそれはわたしたちひとりひとりのものなのだ。すすんで近づき、しっかりと身を置こう。そこにこそ本当のよろこびが待っているのだから。

作者

ドゥニ・カンブシュネ

哲学者。パリ第1大学教授。デカルトなど17世紀の哲学を専門とする。教育、現代文化に関する著作多数。

画家

ギヨーム・デジェ

画家、イラストレーター。書籍や新聞に挿絵を描いている。また編集者、中国研究家、キュレーター、ストラスブール高等美術学校教授として、さまざまな分野をまたにかけ、活躍している。

訳者

伏見　操（ふしみ・みさを）

1970年生まれ。英語、フランス語の翻訳をしながら、東京都に暮らす。訳者の仕事はいろいろな本や世界がのぞけるだけでなく、本づくりを通して人と出会えるのが楽しいと思っている。訳書に「トビー・ロルネス」シリーズ（岩崎書店）、『うんちっち』（あすなろ書房）、『さあ、はこをあけますよ！』（岩波書店）など。

編集協力

杉山直樹（すぎやま・なおき）

学習院大学教授。専門はフランス哲学。海辺とノラ猫を思索の友とする。

10代の哲学さんぽ　8

人がいじわるをする理由はなに？

2016年10月31日　第1刷発行
2017年 7 月31日　第2刷発行
作者
ドゥニ・カンブシュネ
画家
ギヨーム・デジェ
訳者
伏見　操
発行者
岩崎夏海
発行所
株式会社 岩崎書店
〒112-0005　東京都文京区水道 1-9-2
電話　03-3812-9131(営業)　03-3813-5526(編集)
振替　00170-5-96822
印刷
株式会社 光陽メディア
製本
株式会社 若林製本工場
NDC 100
ISBN978-4-265-07914-8　
Published by IWASAKI Publishing Co.,Ltd. Printed in Japan

ご意見ご感想をお寄せください。　E-mail　hiroba@iwasakishoten.co.jp
岩崎書店ホームページ　http://www.iwasakishoten.co.jp
落丁本・乱丁本はおとりかえいたします。

10代の哲学さんぽ

全10巻

第1巻　天才のら犬、教授《きょうじゅ》といっしょに哲学《てつがく》する。
人間ってなに？

第2巻　自由ってなに？
人間はみんな自由って、ほんとう？

第3巻　なぜ世界には戦争があるんだろう。
どうして人はあらそうの？

第4巻　動物には心があるの？
人間と動物はどうちがうの？

第5巻　怪物《かいぶつ》
——わたしたちのべつの顔？

第6巻　したがう？　したがわない？
どうやって判断《はんだん》するの？

第7巻　死ってなんだろう。
死はすべての終わりなの？

第8巻　人がいじわるをする理由はなに？

第9巻　働くってどんなこと？
人はなぜ仕事をするの？

第10巻　時間ってなに？
流れるのは時？それともわたしたち？